한로 민들레

한로 민들레 이든시인선 086

**한성환** 시집

아든북

시인의 **말**

유리창 너머로
찬이슬 어리는데
길거리 보도블럭 사이에 오돌돌 떨며
철없이
작은 꽃 한 송이 피워낸
민들레를 봅니다
알곡이
누렇게 익는 들녘
가을이 깊은데
거두는 농부의 마음 채 알기도 전에
너무 일찍 철이 들어버린 소년의 눈에도
차갑다 못해 하얀 물방울 맺힙니다
저만치에서
사각사각 시릿발 마중 나옵니다

2021 10월 8일

**축하의 글**

# 구슬을 꿰는 정성, 아름답다

권선옥 시인, 논산문화원장

내가 오래 한곳에 머물어 살다 보니 가끔 시를 공부하겠다는 사람들이 찾아온다. 반갑게 맞이하여 내가 시에 대해 알고 있는 것을 깨우쳐 주려고 노력한다.

내가 시인의 길로 들어서서 어둠 속을 헤맬 때에 나를 빛으로 이끌어 준 시인을 잊지 못한다. 내가 오늘날 이만큼이라도 시를 쓸 수 있는 것은 순전히 좋은 인도자를 만난 덕분이다. 나는 이렇게 나태주 시인에게 아무래도 갚지 못할 큰 빚을 지었으므로 누군가에게 대신 그 빚을 갚고자 하는 마음이다.

어느 날 논산시청의 한성환 국장이 시를 공부해 보고 싶다고 나를 찾았다. 늘 그렇듯이 나는 반갑게 그를 맞았다. 그러면서도 한편으로는 그의 열정이 얼마나 지속할 것인가에

대한 의문이 들었다. 대개는 오래 함께 공부하여 시인으로서 우뚝 서기도 하였지만, 어떤 이는 얼마 되지 않아 시를 공부하고 쓰기를 포기해 버려서 나를 안타깝게 했다.

 그러나 그것은 기우였다. 간간이 보여 주는 시편들이 상당한 수준에 도달해 있었다. 오랜 공무원 생활을 마감하는 정년을 앞두고 얻은 공로연수를 맞으면서 그의 열정은 그야말로 불꽃처럼 타올랐다. 이전에 소문 없이 많은 시를 써 두었는데, 시간의 여유가 생기자 더욱 왕성하게 창작에 몰두하였다.
 세상의 일은 모두가 정성을 쏟는 만큼 많은 것을 얻을 수 있다. 창작하는 시의 숫자도 많았지만, 그 수준은 일취월장 향상되었다. 그는, 곁에서 이를 지켜보는 나에게 큰 기쁨이었다.

그 작품들을 모아서 책으로 내겠다고 원고를 보여 주었다. 그간의 노고에 상응할 만한 작품들이었다. 참으로 기쁜 일이다. 오랜 기간의 열정과 정성이 결실을 맺는 일은 무엇보다 본인에게 큰 보람을 느끼게 할 것이다. 또 가까이에서 그를 지켜본 사람들에게도 본인 못지않은 기쁨이 될 것이다.
  그간의 사정을 잘 알고 있는 나는 한성환 시인이 앞으로 문학에 더욱 정진할 것을 확신한다. 또 지금보다 훨씬 빛나는 성과를 거둘 것도 의심하지 않는다. 그는 그럴 만한 능력과 끈기를 가지고 있다. 나는 오래도록 그의 곁에서 그 과정과 성과를 지켜보면서 많은 박수를 보낼 것이고, 그와 인연이 닿은 것에 대해 감사하면서 그로 하여 큰 기쁨과 즐거움을 누릴 것이다.

한성환 시인의 첫 시집 발간을 축하하며, 앞으로 많은 가슴에 뜨거운 불꽃을 던지는 시인이 되기를 빈다.

기쁘고 기쁘다.

차례

시인의 말  5
축하의 글  6

## 제1부 봄을 따내다

| | |
|---|---|
| 동백꽃 지다 | 19 |
| 라일락 꽃향기 맡으며 | 20 |
| 오늘 아침 | 22 |
| 꺾어진 목련화야 | 24 |
| 부개꽃나무 | 26 |
| 봄비 | 28 |
| 봄을 따내다 | 29 |
| 미련 | 30 |
| 우수 | 31 |
| 이월 | 32 |
| 입춘 | 33 |
| 기다리는 마음 | 34 |
| 천둥지기 | 36 |
| 봄 | 37 |
| 독한놈 | 38 |
| 고사리 꺾기 | 40 |
| 달님 | 41 |
| 봄날 가네 | 42 |

## 제2부  여름 눈꽃

| | |
|---|---|
| 젖은 페튜니아 | 47 |
| 달그림자 | 48 |
| 쌀독 속 바구미 | 49 |
| 여름 눈꽃 | 50 |
| 오월은 | 51 |
| 백령도 | 52 |
| 숨기 장난 | 54 |
| 애기메꽃 | 55 |
| 강아지풀 | 56 |
| 아랫장터 육개장 | 57 |
| 미곡사의 가을 밤 | 58 |
| 매미 | 60 |
| 밤나무 사랑 | 62 |
| 닭장 앞에서 | 64 |
| 보리 망종 | 66 |
| 텅 빈 곳에 살아 | 68 |
| 진주 이슬 | 70 |
| 차밭 | 71 |

## 제3부 여백

| | |
|---|---|
| 여백 | 75 |
| 엔학고레에서 | 76 |
| 억새 | 78 |
| 남새밭에 서서 | 79 |
| 가을을 마신다 | 80 |
| 전봇대 | 81 |
| 한로 민들레 | 82 |
| 우물 안 개구리 | 84 |
| 겨울비 | 86 |
| 길 | 87 |
| 눈 쌓인 아침에 | 88 |
| 겨울 산에 올라 | 90 |
| 한란 | 93 |
| 얼음꽃 사랑 | 94 |
| 가을 지는 날에 | 96 |
| 호박을 따다 | 97 |
| 저만치 가을 가네 | 98 |
| 지는 매미 울음소리 | 100 |

## 제4부 알면서도

| | |
|---|---|
| 미역, 국으로 끓다 | 105 |
| 마디풀처럼 | 106 |
| 호밋자루 | 108 |
| 부뚜막 고봉밥 | 109 |
| 옛집 | 110 |
| 어머니의 장독대 | 111 |
| 알면서도 | 112 |
| 뻐꾸기 우는 바람벽 | 114 |
| 그 길 | 116 |
| 발가숭이 모임 날 | 117 |
| 그녀의 돋보기 | 118 |
| 만지지 마세요 | 120 |
| 곡두 인생 | 121 |
| 김치전 익는 부엌 | 124 |
| 할머니 보따리 | 126 |
| 마흔 | 128 |

## 제5부  놓아주어야 한다

| | |
|---|---|
| 일장춘몽 | 131 |
| 빈 의자 | 132 |
| 하루살이 | 133 |
| 놓아주어야 한다 | 134 |
| 지워진 발자국 | 136 |
| 인생길 | 138 |
| 부산 가는 길 | 140 |
| 그립던 날들 | 141 |
| 철마다 | 142 |
| 개칠 | 143 |
| 열 시 | 144 |
| 어느 상속자의 기도 | 145 |
| 명상 | 146 |
| 바닷가에서 | 148 |
| 아주 영영 | 149 |
| 둥지 속 세상 | 150 |
| 살아간다는 것은 | 152 |
| 시는 | 154 |
| 내가 아프다 | 156 |

# 제6부  알 수 없어요

| | |
|---|---|
| 낙화 | 159 |
| 뿌리 깊은 샘 | 160 |
| 나그네 되어 | 162 |
| 새벽 밀물 | 164 |
| 신호등 앞에 | 165 |
| 알 수 없어요 | 166 |
| 모노드라마 | 167 |
| 어찌 살라고 | 168 |
| 맨발 | 170 |
| 글 | 171 |
| 금요일 | 172 |
| 인생 | 173 |
| 감자와 사이다 | 174 |
| 비 눈물 제주 | 176 |
| 일일초 | 177 |
| 지구별 | 178 |
| 누군가 | 179 |
| 하루 출장길 | 180 |
| 풀꽃 | 182 |
| 빈손 | 183 |

제 *1*부
봄을 따내다

# 동백꽃 지다

안개비 젖는 돌담
무릎에 기대어
동백꽃 한 송이
떨고 있다

가엾은 꽃술
꽃잎 속에 숨어
외로움에 지쳐
울고 있다

피우지 못하고
땅바닥에 떨어진
작은 꽃 몽우리
애가 탄다.

## 라일락 꽃향기 맡으며

따사로운 봄날
길 가 어느 집 담장 너머로
달콤한 향내 뿜어내는
수수꽃다리를 보셨나요

저기 머무는 봄볕
꽃향기 엉클어지는 울 안
유독 보랏빛 흐드러지게
수수꽃을 닮아서 고독한
미스김라일락 꽃그늘

혹여, 그대
미국 물든 꽃분일 아시나요
황해돈가 평안도던가
그 어디메쯤 고독한 산골
한적한 동네 어귀에서 시집온
정향나무 꽃타래를 보셨나요

달콤한 첫사랑
잃어버린 젊은 날, 상처를 안고
화약 내음 끊이지 않은 산자락에
반만년 남모르게 숨어 살아온
털개회나무 한 그루를

## 오늘 아침

봄비 오는 아침
저어기 논둑 위에
한발 바짝 다가서는 봄내
맨발로 선 듯 편안하다
그래, 맞다
어머니 품속인 양
따습구나

봄비 오는 아침
마음이 앞선 발길
봄바람 따라와 자리 펴고
막, 물오른 들녘이다
그래, 맞다
싱그러운 봄나물
향기롭다

봄비 오는 아침
이파리에 이슬 맺혀

열린 가지 새 살이 돋고
살짝 봄기운 오른다
그래, 맞다
빼쭉 혀 내민 어린 잎
너, 참 예쁘다.

## 꺾어진 목련화야


꽃 분홍 하얀 목련화야
높다라니 가지 끝에 매달려
도톰하게 살 오른 붉은 입술
도도히 내어밀고 있었나

속마음 쉽게 아니 열 듯
애를 태우다가 물빛 하늘가
두둥실 새털구름에 반해
꽃망울 그만 열어버렸군

스치는 봄바람 한 줌에
파르라니 옥빛 떨구고서는
눈부시어 오히려 슬픈 네가
어찌 꽃술 벌려 유혹하느냐

푸르름이 저 멀리 오는데
어찌하라고 벌써 봄 시샘 따라
뭉실 아지랑이 휘장 걷어내고

온 가슴 온통 다 젖혀버렸어

느닷없는 밤비 한 줄금에
펼치지도 못하고 꺾인 날개
소리 없이 지는 봄날이여,
높고 짧은 삶이 눈에 밟힌다.

## 부개꽃나무

산 깊은 숲속
살진 골짝에 부개꽃나무
누가 볼세라 숨어
홀로 살더라

솔솔 부는 솔바람
동네 아이처럼 양손 짝 펴
마구 흔들어 맞아주는 이파리들
보는 마음도 따라간다

시베리아 우수리강에서
얼어붙은 북해 섬 그곳까지
꼬리 긴 장미, 북에 온 부개도
산겨릅에 시닥나무 다 어떠리
반겨 맞는 그 모습에
입꼬리도 따라 오른다

메마른 가지 끝에

북풍한설 된바람은 불어도
보송보송 여린 작은 눈 열고
봄볕에 암꽃 수꽃 한 몸 되어
자글자글 피어오르면
지난밤 추위는
단지 시샘이었나

손바닥 가득히 녹음은 들고
한낮 뜨거움에 날개 접은 나비인가
줄줄이 매달려 단 꿀을 빨고
접은 날개 사이에는
새 생명이 영근다

산 깊은 숲속
우리 꽃 부개꽃나무에
붉게 서리진 단풍이 내려앉아
미끈한 허리 갈라지고 또 벗겨져
긴 밤 외롭게 홀로 지샌다.

# 봄비

톡, 톡, 또도독
어둠 채 가시지 않은 창
봄 문 좀 열어달라고
봄내 좀 맡으라고
두드리는 소리

삐죽삐죽
마늘밭 두둑 여기저기
언 땅 뚫는 새싹
어둠을 벗는 작은 소망
새 생명의 시작이다

비 내리는 새벽
아직 찬 바람이 부는데
어두움 벗어야 한다
애써 벗어나야만 한다
아아, 줄탁동시

# 봄을 따내다

계룡 땅 관암산 아래
산기슭에 붙은 외딴집
그곳에 토끼띠 그녀가 산다

상원천 거슬러 올라
봄이면 꽃물 오르고
가을바람에 알곡 여문다

사립문 밖 나들이 길에
임자 없는 푸성귀
보이는 것이 다 내 것이라며

냉이에 달래 뿌리 캐고
씀바귀 벌금자리 뜯고
산두릅 가죽나무순 꺾더니만

꽃나무 아래 봄비로 내려와
넓은 들 낙숫물로 스며서는
모진 사내 마음까지 따내더라.

# 미련

왜, 넌
나를
놓지 못하니

봄바람
꿈틀
버들강아지

물빛도
후드득
날아오르고

매화 향
아득한
봄날이건만.

# 우수

우수,
봄날이군요

모처럼,
다 털어 버리고
밖에 나가 보니

봄
볕이 환해요

경칩이
멀지 않은 듯
개구리
미리 불러 봅니다.

# 이월

이제 막
차고 오르는
물오름 달

겨우내 움 추린
메마른 풀숲에
된바람 밀어내고
살포시
다가서는 봄내

버들강아지 쫑쫑
꼬리 흔들어
아직
때 이른 생명수

연둣빛 꿈길로
피워내지요.

# 입춘

성큼
옷고름 풀어
봄바람
파고들려는데

우한에서
생각지 못한
된바람
비집고 들어와

아무리
복수초 피더라도
아직은
멀리 있는 봄날이다.

## 기다리는 마음

저만치 서 있는 봄
기다리는 마음
사뭇 아파라

섣달그믐날
잠든 달님도 한밤중이라
꼬박 이 밤 견뎌내야만
새해가 밝아오리니

벼랑 끝 모진 바람
봄 처녀 가슴으로 불어
묵은 옷 벗겨내야만
봄 내음 찾아들겠지

앞산 마루 산그늘에
그림자 꽁꽁 얼어도
물빛 다시 살아 오르면
복수초 망울질 터이니

봄은
저만치에 서 있고
나는 기다림에 겨워
아파 운다.

# 천둥지기

지리산 외딴 골짜기
평생 애달픈 울 할배
고라실 두메산골 물소리는 맑아도
열두 다랑이 하늘바라기라
쉴 참 한참이라도
허리 펼 틈이 없어
언제나 선 채로 뻐끔담배
고달팠어라

서른 살 늙은 소 멍에 진 목덜미에
써레와 쟁기를 매고
논둑길을 절뚝절뚝 건너
다랑논 써레질인데
어허, 어찌할거나
저기 벗어둔 삿갓배미
개자리 한 자리 보이질 않네
세고 또다시 세어본다.

# 봄

와, 봄이다
봄 보아라

봄비 내려
언 땅 녹이고

개구리 놀라
겨울잠 깼다

봄볕에 삐쭉
보리 새싹

아지랑이 피는
들녘, 봄이다.

## 독한 놈

애써 땅 갈아주지 못했고
때맞춰 씨 뿌리지 않았다
거름은커녕 살펴보지 못하고
여문 씨 받아두지도 않았다
시나브로 혼자 일어나
들녘 구석구석 뿌리내리니
독한 놈 독새기 너뿐이구나

비바람에 쓸려 버린 가을
나무 등걸, 흙먼지에 움트니
초대받지 못하였음에도
연약한 연록의 새싹, 한 올 삐쭉
언 땅을 뚫고 다시 서는가
보리 대공 자운영 꽃잎 사이에
뭉툭한 머리 올려놓았구나

온 들 푸르게 물들이다
하얗게 비워낸 뚝새풀들아

마른 땅에 눈물 잡히걸랑
논바닥 밑거름으로 죽어
해마다 다시 살아나려무나
논두렁 밭고랑에 질기게 살아
손 짚고 일어나 촛불을 들어라.

## 고사리 꺾기

봄비 거스른 언덕에
바지런한 새벽 발걸음
어둠을 밀어내고
솟아오른다

풀숲 여기저기
봉긋 솟는 애기 주먹손
고물고물 쥐고서
하늘을 향한다

아침상에 오를래?
제사상에 오를래?
열리지 않는 안개 속에
백이와 숙제에게 묻는다.

# 달님

연이틀
봄비 내리더니

똑, 똑, 똑
문 두드리는 소리

밤하늘
그득하게 찬 달빛

이제 막
목욕하고 나온 듯

젖은 몸이
부끄러워 숨네.

## 봄날 가네

저기, 봄날이 가네
연분홍 치맛자락에 펄럭이듯
봄바람 타고 불어와서는
아무도 모르게
온통 들뜨워 놓았지
아지랑이 피어 간지럽히더니
어느새 새하얀 꽃가루가 되어
여기저기 휘날리더라

차마, 잡지 못한 봄
매정하게 그리움만 남기는 봄날
뒤도 돌아보지 않고 지는 너
저 홀로 지네
봄날 저무네

저기, 내 님이 가네
냉가슴에 봄볕 기지개 켜듯
살며시 꼬드겨 내어

아무도 모르게
가슴 설레게 하였지
봄내 불어와 아득하더니
끝내는 꽃망울 풀숲에 날리어
점점이 흩뿌리네

발길 따라가는 님
물길 따라 흘러 흘러서
짝 잃은 꽃신으로 떠나가는 님
봄꽃이 가네
그리운 님, 따라가네.

제 2부
여름 눈꽃

# 젖은 페튜니아

밤새워 궂은비
추적추적 다녀가시고

선홍빛 페튜니아
울고 있어요

밤이 두려워
한껏 뿜어낸 향기

빗물에 젖어
아득히 흘러가더라도

당신과 함께라면
마음이 놓입니다

젖은 눈물 인사에
아프도록 행복합니다.

# 달그림자

저문 밤,
하늘은 소리 없이 깊어가고
온통 다 검은데
번뜻하니 달빛 한 줌
동녘에 돋아오르네

그윽한 달님,
그림자 기다랗게
무논으로 빠져들어
목놓아 우는 개구리
서러워 따라 우네

저기, 홀로
곱고 환하게 웃는
내 님 얼굴
살며시 다가와서는 씰룩씰룩
눈길만 주고 가네.

## 쌀독 속 바구미

장맛비 내려앉아 지루한데
후텁지근 바람도 멈춰 선다
한여름 날은 깊어 더디 가네

저녁 안치려고 쌀독을 여니
백옥보다 고은 쌀알 사이사이
검은 점이 하나, 둘, 셋 살아 움직인다

숨어 숨죽이며 살았나 보다
살아난 점들 점점 늘어나네
몰래 숨어든 몹쓸 놈들아
한 번뿐인 소중한 인연인데
하필 내 속에서 검어졌느냐

알고 보면 모두 허점투성이
내 벗은 살 파고드는 것이
어찌 바구미 너뿐이겠는가.

# 여름 눈꽃

저어기, 저 신안 앞바다
시꺼먼 염전벌 그 위에 펼친
비단 한 폭이
눈부시게 맑다

뜨겁게 쏟아져 내린
칠월 햇볕
한낮 더위 잠재우려는 듯
바람이 분다

한여름 땡볕은 여전한데
눈이 내린다
뽀송뽀송 성글게 엉긴
하얀 눈꽃이다.

# 오월은

푸릇푸릇
푸르러 간 푸른 달
텃밭 푸성귀조차도
야들야들 봄바람
쫓는 꽃구름 저 멀리
물빛 호수 위로
파랗게 물들이고

쌀밥 고봉밥
한 그릇 그득 담아
이팝나무 가지마다
주렁주렁 매달고서
꽃내음도 딜큼하니
낭자머리 곱게 올리고
모시 적삼 입으셨네.

## 백령도


백령도, 서해 최북단 휴전선
이제는 더 갈 수가 없다
저 너머 장산곶 인당수
차디찬 물에 심청을 묻고
점박이물범 선한 눈망울은
멀리 남쪽 바다 너머
옛집을 그린다

백령도, 두무진 열두 장군바위
파도 소리에 몰려오는
군졸들의 함성이 거세다
겹겹이 쌓아 올린 시루떡 바위에
염원은 높고 또 깊었다

백령도, 깊고 푸른 바다 위로
흰 날개 활짝 날아오르는
외로운 물새 한 마리
고운 모래톱에 뻘이 뻗쳐

천안함 마흔여섯 주검으로
붉게 물든 해당화 꽃잎
아프게 밀물이 든다.

# 숨기 장난

 그날, 동구 밖 둥구나무 아래 술래가 된 나는 눈을 가리고 무궁화꽃을 피우고 또 피우며 꼬리 감춘 널 찾아 헤매었다, 감나무집 울 안 깻단 사이 바스락 소리 보이지 않으려고 머리카락 들킬라 잠자리 꽁꽁 찾아만 주기를 기다리던 너, 숨바꼭질 어깨동무가 고파서 그리움 물씬 젖어 찾아왔는데 텅 비인 자리에 멈춰 선 눈길 빨간 운동화도 숨을 죽이네, 헤진 뒤꿈치는 닳고 닳아서 먼 길 되돌아 와 다시 보는데 아직도 숨어서 부끄러운 너는 흔들 바람에 실려 흘러간다, 으스름 저녁연기 노을 머금고 먼 산 너머 달님 찾아드는데

 반백의 세월도 걸머진 보따리
 지는 해가 서산에 걸려있다.

## 애기메꽃


하지 볕 수줍어
길가 풀숲 그늘에
살짝,
곱게 안겨 오는
애기메꽃

고운 네 얼굴에
연분홍 미소가
활짝,
가시엉겅퀴조차
함함하다

열매 맺지 못해
슬며시 잡아끄는
덩굴손이
잔뜩, 부끄러워
천상 시골 색시다.

# 강아지풀

강아지 꼬린가
아니, 아니지
이리 꼬리라면 또 어때
아무리 감추려 해도
귀엽기만 한걸
한여름 깊어진 들녘, 풀숲 아래
논두렁 밭두렁 사이
엎어질 듯 자빠질 듯 숨바꼭질한다

보송보송 꼬리털
곱게 다듬어 빗고
서쪽서 오는 하늬바람에 취해
흔들흔들 꼬리로 반긴다

긴장마에 가을볕인가
찬바람머리 꽃구름 반기듯
온몸으로 곰실곰실
얼굴 간지럽히는
오요요 오요요 강아지풀

# 아랫장터 육개장

아랫장터 골목 깊숙한 국밥집 할머니는 말끝마다 걸쭉하니 구수한 욕이 반이라 육개장 끓이는 맛은 더더욱 푸지더라, 사골뼈에 잡뼈 그득 든 가마솥 아궁이 밤을 꼬박 새운 장작불에 끓어 넘치고 새벽 일찍 건져 올린 육수 맛이 진하다, 푹 삶아 야들야들 양지머리 아롱사태 고깃살 결을 따라 쫑쫑쫑 찢어놓으니 두툼한 손끝에서 핀 깊은 맛 맛있다, 봄바람을 머금어 검게 살진 먹고사리 한여름 소나기 담은 토란대 줄거리도 밤새 물에 불어 생살인 양 싱싱하다, 겨울 해풍에 알싸해진 대파 다발은 대궁이 채로 반을 가르고 싹둑 썰어 끓는 물 살짝 데쳐 찬물에 건져낸다, 뚝배기에 땡고추 다진 마늘 숙주나물 센 불에 첫 뜸 중불에서 다시 한 뜸 매콤 시원하여 끝맛까지도 개운하여라

아랫장터 국밥집에서 육개장 맛에는
욕쟁이 할머니 욕 맛도 곁들여 나오니
얼큰하고 푸근한 인정에 특특하여라.

# 마곡사의 가을 밤

깊은 숲 외로운 암자
마당 가득 달빛이 밝아
더욱 차가운데
저만치 바람이 인다

법당 안 촛불 그림자
춤을 추는데
댓돌 아래 귀뚜리 울어
애간장이 녹는다

소슬바람 한 줌
대나무 숲길로 흐르고
댓잎 스치는 소리를 쫓아
내려앉은 달그림자

저기, 서럽게
가을이 질러간다
한밤 바스러지게 밟고

가을도 저물어간다
그리도 아우성치던
여름 숲 그늘 털어내고
어두운 가을빛이 남아
오돌돌 떨고 있다

여울지는 골짜기로
풍경소리 돌아 나오고
스님 홀로 경 읽는 소리
끊어질 듯 이어지고

갈 곳 몰라 서성이는
나그네 답답한 심사
산 아래 가을 댓바람에
누굴 찾는지 귀를 연다.

# 매미

깊은 땅속이란다
어둡고 침침한 내 집
비좁고 답답해서
벗어나야만 한다

쭈글거리는 피부
괴상하게 생긴 얼굴
숭숭 바람 뚫린 날개옷
모두 벗어야 하기에

일곱 해를 기다려
처음 보는 햇볕인데도
단 며칠 그뿐이다
다시 죽어야 산다기에

목 놓아 울어본다
목구멍에 걸린 아픔
몸부림치며 울음 운다

살갗이 다 찢겨나간다

껍질을 벗고 나와
악착같이 기어올랐는데
나 여기 살아 있노라고
아무리 소리 질러도

대답 없는 나만의 외침
온통 가슴에 멍이 들어
아무도 따라 하지 못할
나만의 노래를 부른다.

# 밤나무 사랑

나에게 사랑은
처음부터 그러하였나 보다
찾는 눈길 보이지 않아도
그리운 마음 스스로 열어
유혹하는 깊은 밤, 꼬박
이슬 맺으며 세웠다

갈색이 다 검어져
쓰디쓴 꽃이삭 아래
흐느적, 흐느적거리며
숨어 몰래 피운 밤 꽃잎
야릇한 밤 달큼함에 취해
하얗게 불태웠다

한여름 남김없이 태운
첫사랑 가지 끝에 매달려
보송보송 둥지로 남았지
배냇머리 함함한 여린 가시

날 세워 맨살 찌르더라도
너만은 지키고 싶었다

고이고이 요람에 담긴
고만고만 밤톨 삼 남매
잘도 자라 살지고 야물더니
지금 어데서 구르고 있나
껍질 바스러져 거름 되어
다시 이어갈 밤나무 사랑.

## 닭장 앞에서

중복도 한참 지나는데
어쩌다가, 그대 신세
꽁지 빠진 수탉이던가
저기 새벽 오는데
얼기설기 철망 속에
횃대 오르지 못할 날갯짓
쉰 울음소리에 목이 잠긴다

세 이레를 어미 품 안겨
세상천지로 나왔건만
봄볕 햇병아리 졸다 보니
한 번도 목 놓아 울 수 없어
날아오르지도 못하고
닭대가리 벗어나지 못해
검붉던 볏은 꼬부라지고
꽁지마저 옴팡 빠진 몸
갈 곳 오직 한 곳뿐이리라

학처럼 높은 몸 못되어도
까마귀 갈퀴 발은 아니니
빛나는 것 탐하지 않았소
연천 삼불에 관음을 보며
천상천하 유아독존으로
사바세계 건널 수 없다지만
그 고고성 어디로 가고
지금 그 꼴 다 뭣이라더냐.

## 보리 망종

어머니, 바로 오늘이어요
발등에 오줌 눌 만큼 바쁘시다더니
스물 넘긴 노처녀가 끼니 걱정하던
바로 그날, 보리누름 망종이어요

댓바람에 보슬비 몇 방울
오늘도 뜨겁게 지져대려나 봅니다
낫 들고 보리밭에 선 아버지
흠뻑 젖은 삼베적삼 해진 등허리에
여름은 늘 고단하지요

오뉴월 찔레꽃머리
깎지 못한 아버지 턱수염처럼
까끌까끌 보리수염 절로 거칠고
누런 들녘에 바람꽃이 일어요

철부지 애물단지는
그러거나 말거나 보리그스름 재미

살강 위 소쿠리 속 보리밥을
사발에 물 말아도 양푼에 비벼도
언제나 맛나기만 하였지요.

## 텅 빈 곳에 살아

휑하니 비어 있는 터
바람 하나 거칠 것 없는데
조그만 앞마당에
차가운 밤은
달그림자 홀로 걸쳐 가고
햇귀 쫓아 나온
햇물까지도 어지러운데

억만 겁의 시공
끝없는 흐름 속에 있네
너와 나, 우리가 사는
오두막 작은 지붕에도
둥그런 박이 자라고
눈 비바람 천둥소리 맞으며
그리움으로 쌓인다

삼라만상 위에
지붕 덮이고 그 위에

다시 또 큰 우주
까마득한 곳 미리내가 흘러
은하별이 강물 따라 흐르고
가없이 넓은 지붕 아래서
끝없이 돌고 또 돌고 있다

허공, 텅 빈 뜨락
없는 것이 곧 있는 것이지
알 수 없는 내 작은 집
셀 수 없이 많은 뭇별을
조그만 유리병에 주워 담아
별을 세면서 남모르게
꽉 찬 빈 곳에 내가 산다.

## 진주 이슬

지루한 장마 끝자락
처마 끝에 살포시
진주 이슬 앉았네

저녁연기 슬그머니
처마 자락 밑으로
나지막이 흐르는데

애써 지은 거미집에
송골송골 매달리어
진줏빛 영롱하지요.

# 차밭

서귀포 안덕 땅
바람 드는
곶자왈

오, 설록
치고 들어와
박힌 돌
빼내는구나

귀 씻는
파도 소리는
갈 곳 몰라
하여라.

제 3부
여백

# 여백

그림을
그리다 보면
알게 된다

가지 끝에
매달려 금방
떨어질 듯

마지막으로
곱게 물드는
잎새 하나

이리도 곱고
더 할 수 없이
아름다운 것을

들여다보면
보이는 것은
다 그런 것임을.

# 엔학고레에서

곰나루 거슬러 올라
시선이 머무는 작은 골
시원한 바람 따라
오솔길 오르다 보면
돌연 저수지 하나
그리고 엔학고레

가을 단풍이 들면
하늘과 산과 나무가
작은 수면 위로
두 세상이 하나로 만나
자연과 나와 물이 한 그림자
서로 다르지 않은 것을

목말라 부르짖는 텃밭
구원을 베푸셨는지
우묵한 그곳 물 솟아오르니
부르심 받은 자의 샘

이 세상에 너와 나
물아일체 점입가경인 것을

그래요
가보지 않으면
볼 수 없고
해를 등지지 않으면
알 수 없어요.

# 억새

저만치 멀리 있기에
더욱 보고픈 그대
잡고 싶은데
발걸음
시나브로 넘어가네

마주 볼 수 없어
바싹 목이 타는데
그리움 지울 수 없어
애간장 녹아드네

어두운 밤
나 홀로
외롭고 서러운데
보내야 하는 이 마음
설마
당신, 아시려나.

# 남새밭에 서서

저 너머 시골집
그 옛날 사립 문짝
살짝 밀어보니
덕석 한 잎에 다 덮이려나
고만한 남새밭

상추랑 아욱이랑
고추에 마늘종에
무며 배추꽃까지도
야물어 가는 봄 여름, 가을
호미 끝으로 영글어

어데서 날아오는지
생강밭에 북을 주는
어머니 머릿수건에는
고추잠자리 한 마리
날개를 접는다.

## 가을을 마신다

고추 멍석
빨갛게 물들이고
잠자리 날아와
날개 접는데

방문 틈새
가을볕 한 줌
기다랗게 뻗어와
찻잔 데운다

처마 끝
스치는 바람소리
주전자에 담아
찻물 우리고

눈 맑고
귀 밝아오는
오두막 마당에서
가을을 마신다.

# 전봇대

매운 내 가득 찬 길가에
세상 걱정거리 온통
머리에 이고
일없이 선 전봇대

살아 숨 쉬지 않아도
불벼락은 흐르는데
인터넷 통신선에
윙윙 얽힌 실타래
영 풀 수가 없다

함박눈이 내려오시려나
무겁게 구겨진 하늘
양어깨에 지고
울며 서 있는
너, 많이 아프겠다.

## 한로 민들레

찬 이슬 물씬 내려앉은
이른 아침
길가 담장 아래
나지막이 오른 꽃 한 송이

어찌 보라고
널 어찌 보라고
꽃잎을 열었나

이제 곧
서리 내릴 텐데
때도 모르고 홀씨 되어
모두 날아가고 나면
너 홀로 외로워
어찌 살려고
모진 살 바람을 다
어찌 맞으려고

그런데도

날 닮은 네가

이리도 곱기만 할까.

## 우물 안 개구리

귀뚜라미 울고
찬바람 이는 서리 아침
오솔길 모롱이 옹달샘 가
맑게 샘솟는 물구덩이에 누워
하늘을 본다

여름은 저만치 가고
풀잎이 마르고
바짝 오그라든 나뭇가지에
방울방울 진주 이슬 열어
오소소 떨어지고 있다

한 줌 매운바람 불고
붉게 떠도는 나뭇잎
동그라미 수면에 파문이 일고
머리 허연 그림자 하나
다가와 내려다보네

눈을 들어 올려다보니

동그란 하늘
아이 손바닥에 가리는데
코발트 빛 호수에 물이 보이고
뭉게구름 한 줌 둥실 떠가네.

# 겨울비

무거워 무거워서
회색 짙은 하늘이
내려앉아요

겨울 나비로
텅 빈 허공 떠다니다가
그리워 그리워서
따스한 품속 찾아
눈물 뿌리며
내려옵니다

서러워 서러워서
깊은 밤 지새우다가
이제는
차디차게 우는
동짓달 겨울비

# 길

어디쯤 가고 있나

눈을 떠 앞을 보니 온통 푸서리뿐

저기 가로막는 안개 속

끊어질 듯 사라질 듯 이어간 길

어찌어찌 가고 있나

아스라이 뒤안길 멀어지는데

까닭 없이 흔들리는 마음

되돌아 다시 보니 이슬 맺혔네

후미진 논틀길 꼬불꼬불

안고지고 돌고 돌아 여기이던가

가물가물 이어진 오솔길에

눈 비바람 맞으며 나 홀로 간다

여기 길 있어 가고 있지만

본래 없는 길, 되돌아 갈 수가 없다

구름 따라 떠다니는 삶

한 발 앞도 볼 수가 없어

없음에서 없음으로 가는 길

모두가 덧없음이라 하는데

## 눈 쌓인 아침에

지난밤 늦도록
텅 빈 가로수 길 떠다니다가
눈 들어 하늘을 보니
허리 구부린 하현달
눈구름에 가려 희미하다

한밤중에 턱 괴고
창밖을 보니
깜빡 잠이 든 수은등 아래
소복이 쌀가루가 쌓인다

눈이 와서 배부른 세상
소리 없이 찾아와서
온 세상 뽀얗게 덮은 눈송이
숫눈길이 하도 예뻐서
조심조심 내디뎌본다

나란히 떠나가는 발자국

눈꽃이 앉은 감나무는
가지 끝 까치밥이 홀로 붉고
맘씨 좋은 할아버지
서둘러 눈 가래질, 길을 내니
눈이 쌓여서 좋은 아침이다.

# 겨울 산에 올라

온 세상 은색 눈꽃 만개한
겨울 산 오르니
찬바람에 오들오들 떨려도
가지마다 상고대 서로 반겨
꽁꽁 언 마음 녹아 푸근하다

잔가지에 위태롭게 매달려
맞아주는 그 눈길
홀로 가는 인생길 구비마다
머리끝에 가쁜 숨 차오르고
등줄기는 온통 땀에 젖어
가파른 등성이 다가서는데
바짝 눈앞에 솟은 산마루
정상이 바로 저기
참아야 하는 쓴 내까지도
기다린 듯 달큼하다

도열하고 선 참나무 날 반기고

가슴에 다가서는 눈 세상
거품 파도 밀리듯 날리고
감히 뭐라 말할 수 없다
인적을 감춘 백사장인 양
거친 숨 허튼 걸음조차도
차마 내보일 수 없다

겨울나무도 손들어 반기고
영겁 바위도 눈 덮고 묵묵히
거친 세상 초인처럼 살라 한다
정상이 거기 있어
겨울 산에 오른다
가쁜 바람으로 산에 오른다

흔들리는 하산 길
빙판 지어 미끄러운데
삼십 년 면벽수행이 다 뭐꼬
한마디 화두에 떨쳐내고

참을 수 없어 산 내려간다
내려가 뜨겁게 맞으리라
그 환희 맘껏 즐기리라

겨울 산 되돌아보니
처연한 눈꽃이 오히려 따뜻해
곳곳이 미소뿐이더라.

# 한란

창밖에 매운바람 불고
힘겹게 밀어 올린
꽃대, 볕이 든다

송이 송이마다
홑저고리가 짧아
치마허리에 가두고
수줍은 미소
다소곳이 고개 숙여
있는 듯 없는 듯 부끄러운데
결 고운 비단
다섯 날개 사이로
벗은 몸을 감추어
맑은 향 피운다

깊은 산속 숲 골짜기에 숨어
뭇 눈길 기다리는
저기, 한란 두 촉

## 얼음꽃 사랑

몸서리치게 찬
세밑 겨울밤이 깊어
유리창은 더욱 차갑다
하얀 꽃으로 피어
얼어붙을지라도
후회하지 않겠어요

누가 던져 놓은 듯
하늘 별 따다 놓은 듯
창날로 세긴 이파리
설령, 물이 된다 해도
닦을 수가 없어
아프도록 맑게
맑게 피운 내 사랑
후회하지 않겠어요

소복소복 쌓인 눈 밟고
바람 몰고 오는 소리

눈보라가 일어도
살랑살랑 은빛 꼬리 흔들며
몰래 꽃 피우더라도
후회하지 않겠어요

그대, 뜨거운
입김에 녹아나서
눈물로 흐를지라도
하나이기에
당신과 나
다시, 하나 되기에
후회하지 않겠어요.

# 가을 지는 날에

은행나무 가로수 길 나 홀로 걷다가
고개 들어 하늘을 보니
우수수 나뭇잎 쏟아지는 날
하마터면 나는
황금빛 나는 것은 다
은색인 줄만 알 뻔했지

은행 열매 길바닥에 뒹굴어
껍질은 다 물러지고
물컹 구둣발에 밟히던 날
하마터면 나는 가을 내음 모두가
살구처럼 달 것으로만 알 뻔했지

낙엽이 지던 날
은행나무 가로수 길을
혼자 걸으면서도
가을도 함께 지는 것을
까마득히 모를 뻔했지.

# 호박을 따다

서리 뽀얗게 앉은 늦가을 아침
둔덕진 이랑 사이
그저 그렇게 생긴 호박 한 덩이
근심이 커가네

마르고 검붉어진 호박잎 줄기 아래로
목숨 줄에 매달려
그저 그렇게 생긴 호박 한 덩이
몹시 끈질기더라

익을 대로 익어 배꼽 아래 드러내고
멍든 얼굴 내밀며
그저 그렇게 생긴 호박 한 덩이
얼른 따줘야만 돼

몰래 바람피우다
속 썩어 문드러지고 햇볕에 그을려
그저 그렇게 남을 호박 한 덩이
뒤돌아 호박씨 깐다.

## 저만치 가을 가네

저만치 가을이 간다
맷방석에 양지 한 줌 내려와
막새 바람 불어 물벼가 마른다
저 너머 들녘 기다랗게
저녁노을, 물들이고 간다

논둔덕 밭고랑 사이사이
달맞이꽃은 지천에 흐드러지고
쑥부쟁이 나풀나풀 춤을 춘다
지난밤 된서리 내린 텃밭
고춧잎이 마른다
고향 땅 들꽃마을에도
시절이 비켜 가는 듯 잠잠하다

노인네 잔뜩 구부린 등처럼
납작 엎드린 오두막집 두어 채
문득, 잠에서 깨어난다
홑겹 장지문이 열리고

꼬부랑 늙은이 허옇게 앉아
젖은 눈망울이 울타리 넘는다

말동무 생각에 아랫집 할망구
건너오라며 손짓한다
'어여, 일루 넘어와 봐'
신발 끄는 소리 아니 들리고
귀 밝은 누렁이 꼬리 흔든다
사립문 밖으로 그새
어둑어둑 가을이 꼬부라든다.

## 지는 매미 울음소리


쓰오오오 시씨이이
애매미 자지러지게 운다
씨유 쥬쥬쥬쥬 쓰오 쓰쓰와
이히히히 쓰 이히히히히 쓰
쏘오쓰이 츠 르르르르르
떼지어 몰강스레 울어 재낀다
도대체 넌 왜 우니, 먹지 못하며
도대체 무얼 달라는지
진종일 떼를 지어
문둥이 떼를 쓰듯 울어대는가

쓰르라암 쓰르라암
쓰르라미도 따라 운다
뜨르라암 뜨르라암
망사보다 얇은 날개 쓰라리다고
둥구나무 밑에 가을 온다고
땅속에 또 징역 살아야 한다고
애달파서 억울해서 운다

치이이 시기시기 지기징 이닝이닝
지기지기 지지기 지지기
찟, 찟, 찟, 찟, 이으오 이으오
털매미 애매미 유지매미도 웁니다
그늘에 잎 진다고 가을볕이 깊다고
둘레둘레 둘러앉아 울고 또 운다.

제 4부
알면서도

## 미역, 국으로 끓다


사립문에 금줄 걸리던 날
아버지는 건어물전에 들러
깎지도 꺾지도 못하고
귀한 미역 한 뭇 들여놓았다

미역 줄기 한 가닥 뜯어
조심스레 찬물에 담그니
바싹 말라 가여운 가닥이
다시 살아난다
죽은 미역이 새롭게 살아
국으로 끓는다
그래 맞아, 너도 한때
그렇게 촉촉했었지

국 한 사발 앞에 놓고
나풀나풀 흔들리던 날들
미끌미끌 미끄러지던 날을
되돌아본다.

# 마디풀처럼


평생 한 번 서보지도 못하지만
저주받은 몸이라서 좋다
수없이 많은 발길 지나치지만
눈에 잘 띄지 않아서 더욱 좋다
오직 블록 사이 비좁은 틈새
소음 먼지와 버려진 것들 사이
애꿎게 발길에 마구 짓밟혀도
질기게 살아남아서 마냥 좋다

발길이 뜸한 변두리 길모퉁이
눈 비바람 맨몸으로 산 어매는
금쪽같은 내 새끼 잘되라고
사람 사는 도회지 살아보라고
남모르게 여기 씨를 뿌렸지
고랑으로 스민 물 한 모금에
눈 트고 뿌리내려 자리 잡아
덮은 것 없어도 여기가 좋았다

꽝꽝나무 아래 안 보이는
블록 틈새 비집고 들어가
어쩌다 머리 한 번 들으려면
여지없이 차고 가는 발길
꺾이고 옹이 진 마디로 기어
움트고 자리 지켜 꽃 피웠다
거친 땅바닥에 무릎 꿇고
굳세게 살아있어 마냥 좋다.

# 호밋자루

조용히 봄비 내리는 오후
뒤꼍 툇마루 끄트머리
나란히 녹슨 호미 두 자루
호미걸이에 걸려 말이 없네요
아, 아버지

벌겋게 녹이 오른 논 호미
어쩌나, 힘이 없어요
서글프게 자루를 잃은 채
등허리 구부리고 말이 없네요
아, 어머니

당신은 손이 날랜 밭 호미
먼지 수건을 둘러쓰고
오롯이 저 너머 밭고랑에
때 모를 나무새 시름하네요
엄니 아부지유, 어쩐대유.

## 부뚜막 고봉밥


서산 너머로 꼴까닥
하루해 빠져들고
텅 빈 들녘 노을빛 늘어지는데
네 남매 저녁 배고파도
아버지 아니 오시네

저 건너 주막거리가 어둑
땅거미 내려오고 외로운 오두막
저녁연기는 사그라드는데
솥뚜껑 밥물이 울어도
아버지 아니 오시네

집 밖에 나간 식구들
밥사발 비워두면 배곯는다고
어머니 정성을 쌓고 쌓아
복지개가 아니 덮여도
아버진 여적 아니 오시네.

# 옛집

해거름 볕뉘는
섬돌 아래 머물러 가고
어스름 달그림자
툇마루에 걸터앉아
옛이야기 속삭인다

텅 비인 옛집
마당가에 바람꽃 이네
왈칵 방문 여는
어머니
사립문 밖 서성이는
아버지

# 어머니의 장독대

삐그덕 찌이익
뒤꼍 송판 문 밀고 나와
한 발 저만치 떨어져서
엄니의 장꽝이 가지런하다
진종일 햇살이 머물다 가고
당신의 손맛 샘솟는 곳
날개 고이 접은 고추잠자리도
따사롭게 앉아 졸고 있다

거무스레 속이 깊은 간장독에
메줏덩이는 숨을 삭히고
참숯 한 덩이 홍고추 두어 알이
파란 하늘가로 곱게 물들어
쑤그려 앉은 된장 항아리 속에
감장아찌는 간이 스며들고
고추장 단지에는 볕이 뜬다

올망졸망 숨을 쉬는 엄니 장독대

# 알면서도

이 세상에 와
잘한 것이라고는 오직
당신 만난 것 그뿐이야
괜스레 해보는 말이지 하면서
왠지 속마음이 뜨겁다

흰쌀밥 고슬고슬
고추장에 무생채 얹고
들기름도 듬뿍 한 술
한 그릇에 비벼 함께 먹는 밥
늘 함께라서 고마워요
그 말을 할까 말까
목이 걸려 우물쭈물

혀 깨물고서는 알아챘다
잘 먹는 건 이빨 덕이 아니라
혀가 맞춰 주는 것이라고
오늘이 아름다운 것도

늘 보이지 않게 웅크리고
목구멍 지켜주는 당신,
당신 있기 때문이라는 걸
알면서도 말하지 못했다.

## 뻐꾸기 우는 바람벽

우리 집 울타리 안
부지런한 바람벽이 있어요
벽 귀퉁이에 알게 모르게
뻐꾸기 한 마리 붙어살아요
다섯 점 첫새벽에 일어나
꼬박 한 바퀴 반을 돌아
열한 점 깜깜한 밤까지
목청껏 웁니다

우리 집 울타리 안
친정 부모 가슴에 담아두고
낯선 벽으로 시집온 그녀
볕 잘 드는 양지 마을에
색동저고리 벗어두고서
뿌리째로 옮겨 앉더니만
서른일곱 해를 그대로
붙박이 되어
뭇 바람 재우며 삽니다

이래저래 멍든 가슴
등에 진 괴나리봇짐도
팍팍하게 짓눌린 어깨도
슬며시 밀어 놓을 만한데
퉁퉁 부은 발바닥 만지며
오늘도 바람벽은 매양
어떤 내색도 보이지 않고
제시간에 목청껏 울어댑니다.

# 그 길

어슴새벽 그 길로
아버지, 다녀가셨나요
하얀 고무신에
머리 질끈 동여매고
생전의 그 모습 그대로

이제 막 그 길을 찾아오셨듯이
금방 또 그 길을 떠나가시려는 듯
논두렁길 사이로
황망히 다녀가셨지요
모시 등걸에 이슬 젖은 바짓가랑이
걷어 올리시고
아무 말씀 없으셨어요.
오직, 눈빛으로만
못난 자식 걱정뿐

살아생전
늘 그러하셨듯이

## 발가숭이 모임 날

 오늘이다 그놈들 보러 간다, 그땐 둥구나무 아래 수리조합 도랑에서 홀라당 벗고 진종일 개헤엄 치더니 미꾸라지처럼 미끌미끌한 그놈들 오늘 다시 보니 영 매끈매끈하다, 서른여덟 해 맞는 우정회 모임 날 웃말 아랫말 고지메 연신뜸 뜸뜸이 초가 함석집 슬레이트 기와 얹고 함지박 엎어놓은 듯 그 속에 살았지, 경자년에 세상 나온 쥐새끼 그놈들 어허, 어느 사이 환갑 노인네들인데 머리 허해서도 보자마자 욕이 반이라 이놈 저놈은 애교, 쌍욕도 불사한다, 체신머리 빠지게 미운 일곱 살인 양 다투고 돌아서면 금세 웃음꽃 핀다, 회장 총무도 따로 있으나 마나 목소리 큰 놈이 형이고 장땡이다, 열둘이 쏟아내는 정겨운 악다구니에 주인도 주방장까지도 어안이 벙벙

 어쩔까, 모임 날 징그러운 그놈들을.

## 그녀의 돋보기

미처 덜 깨인 새벽인데
잠 떨쳐내고 일어나 앉은 그녀가
돋보기를 찾네
별 뜨면 자고
해 뜨면 일어나더니만
오늘 아침 어쩐 일인지
알 수가 없어요

코끼리라도 집어넣을 듯
여적까지 자신만만이더니만
돋보기를 걸치고도
구멍 찾아 허공을 헤매네
실 끝을 물어 뜯어보고
침을 발라 보아도
콧잔등 안경 너머에서
갈 길 헤매네

반평생 오직 한 곳만 보며

해바라기 근시로 함께 산 그 남자
이제는 맨눈이 편해져
안쓰럽게 되돌아보며
— 이리 주오, 내가 꿰마 —
바늘귀에 실꼬리를 매네
터진 살 감추라고

스무 살 진달래
계룡산 깊은 골 넘어
굽은 등에 기대어 한평생을
한 땀 한 땀 떠메다가
돋보기마저 쓰셨구려
모퉁이 서성이는 그녀
당신 시금 어디쯤일까
살포시 눈물 어리네.

## 만지지 마세요


밤새 오란비
젖은 가슴으로
긋는 아침에 이는
샛바람 훌쩍
올라선 덩굴손
잎사귀에
눈물이 어린다

어여쁘다고
만지지 말아요
너무 아파요
눈으로만 보아요
가득 찬
푸름에 숨어 핀
나팔꽃
덧없는 사랑이여.

# 곡두 인생

여보시게 아우님,
자네 여적 거기서 그러고 있지
그러니까, 지낼 만은 하신겨?
어쩌신가
고만고만한 하루살이
이젠 어지간하다 싶지는 않으시고

그러게 말이지
이젠 되었다 싶기도 하네
티끌보다 가벼운 인생사
봄바람에 방패연 날 듯
붕 한번, 떠올라 보았고
아, 글씨, 긍게
그만하면 됐고말고

암만, 그렇고말고
눈 깜짝하니 가버린 세월
빛보다 먼저 달아나는 나달에

노루꼬리만큼 남은 노을빛
설익은 하룻밤 인연에
꿈결 같은 미련이라도
남겼으니 되었지

아, 그러고 보니
사람 사는 거, 거기서 거기지
올 때도 맨손이었으니
갈 때, 또 그렇게 빈손
탈탈 털면 그만이지
이 세상에 와서
쌓은 것에 쌓인 것 많으니
맘 무거워서 못 가고
맺힌 것에 맺은 것 남으면
정에 붙잡혀 못 가고
담은 것에 담길 것도 넘치니
욕심에 걸려 못 가지

아우님,

너나 내나 갈 땐 어차피 빈손

허튼 눈길 주지도 말고

가는 길 길동무나 하여보세

끊어질 연줄일랑 훌훌

봄볕 아지랑이에 묶어놓고

건들바람 타고 놀다 가세.

# 김치전 익는 부엌


뉴스에 장맛비 대신
땡볕이라 하더니
메마른 가슴 적셔 줄
빗줄기는 어디로 가고
하늘이 맑다

사그라지지 않을 기억이
다시 꼬리를 물고
한 줄금 소나기로 퍼다 붇고
그리움에 빠져든다

어머닌 아궁이에 불 지펴
방구들 말리다가
배고플 새끼들 떠올리고
잉걸불 꺼내 놓는다

걸쭉한 밀가루 반죽에
송송 썬 포기김치

신 국물까지 고루 섞어
바삭바삭 촉촉하게
김치전 부쳐 낸다

당신 손에 찢어야 제맛이라
부뚜막 냇내도 달큼하니
낙수받이에 졸졸졸
못 잊을 정이 흐른다.

## 할머니 보따리

둥구나무에 걸린 하현달
까막까막 졸고 있는 밤
초가집 뜨락으로 별빛 내리고
등잔불 아래로 가물가물
그림자가 춤춘다

꼬부라진 할매 무릎 베고는
시골아이가 잠이 오지 않아
이야기 동냥으로 칭얼거리는데
등잔불 심지 돋아 세우고
이야기보따리를 편다

그래, 그래 우리 똥강아지
옛날이야기에 배고프더냐
옛날 옛적에 말이다
산골 호랭이 담배를 먹고
가마에 타고 시집도 가고

그래, 그래 우리 복도야지
꼬불꼬불 고갯길을 넘어서
호랭이보다 무서운 곶감 있는데
떡 하나 주면 안 잡아먹지
할아버지 집에 안 오시나

섬돌 위에 고무신 두 켤레
달빛도 정겹게 반겨 주고
아이는 시나브로 꿈속에 빠지고
오두막 등잔불이 잠드네
할머니 보따리도 잠이 드네.

# 마흔

여자 나이 마흔이면
환갑이라고들
말씀하시던데

울 어머니는
나이 마흔을
꽉 다 채우고 나서
날 낳으셨으니

그나마도
몸 풀고 사흘 만에
들에 나가
밭고랑 밟으셨는데

어쩌나요, 당신 가신 지
마흔 해를 채워도
아직도 철부지인
당신의 막내둥이를.

제 5부
놓아주어야 한다

# 일장춘몽

적당하게 꿈꾸고
알맞게 웃어야
세상을 보는
지혜가 생기지

마치,
물에 녹은 곤죽도
딱딱 굳은 흙덩이는
그릇이 될 수 없어

그 손길 언제든
받을 수 있게
진흙처럼
적당히 질어야만
빚을 수 있다 하지.

## 빈 의자

아파트 쪽문 옆
조그만 나무 의자 하나
더운 날엔 나무 그늘 쉬어가고
꽃잎 향이 머물러가고
싸락눈 앉았다 가고
서러운 빗줄기마저 밤새 젖어드는데

아래층 아가 꿈이 자라고
앞 동 할머니 나들이길 땀 식히고
꼭대기 층 아저씨
늦은 퇴근길에 한숨 돌리고
동네 새댁 마음 앉는다
누구에게나 비인 등허리

드나들 때 무심하더니
오늘은 슬며시 내 발목을 잡는다
쉬어가, 쉬어가라고
다가와서 속삭이는
아파트 쪽문 옆 빈 의자

## 하루살이

어슴새벽
닭 울어
하루해가 열리니

햇귀도
잠시일 뿐
진종일 지짐지짐

아뿔싸,
속절없이 저녁노을
재를 넘는다.

## 놓아주어야 한다

무엇이든지
그냥 오지는 않는다
이제는 놓아주어야 한다

수많은 끈으로
그들이 그것들이
잡아맬지라도
그것들을 놓아주어야 한다

새장 속 비둘기
발이 묶인 나룻배
시나브로 스미는
알 수 없는 서러움도
그냥 오지 않는다

내가 먼저
날려 보내고
끊어 버리고

놓아주어야만 한다

아픔도
눈물도
또, 그리움까지도
남겨두지 말고
모조리 놔줘야 한다.

## 지워진 발자국

아파트 옥상에 올라
발아래 개미떼처럼
부산한 삶을 내려다보네

그래, 맞아
잘 살아간다는 것은
그저 단순하다 그뿐이지
무엇이든 한 줄 써보려면
먼저 살펴보고 생각해보고
소리 내어 읽어봐야지
노래도 따라 부르려면
천천히 아주 천천히 들어보고
다시 또 들어봐야 하듯이
그림 한 장 그리려 해도
거침없는 손기술 보다는
눈길 멈춰 설 줄 알아야 하네

갈 길,

제대로 알고 가려면
지금 그 자리
그래, 여기
멈추어 서서
뒤에 남은 내 그림자
되돌아볼 줄 알아야 하지

너무 멀리 떠난 뒤에
내 발자국 찾아보려면
어느 사이
바람에 쓸려버려
흔적은 사라지고
다시는 영영
찾아볼 수 없다네.

# 인생길

어느 순간
눈을 떠보니 온통 푸서리
어찌 왔을까
아스라이 멀어지는 뒤안길
젖은 눈 들어 돌아본다

꼬불꼬불 논틀길 따라
후미진 험로에서
지고 돌고 안고 돌아
벼룻길 오솔길도 오직 외줄기
눈 감고 따라왔어라

길이 있어 가고 있어도
없는 길이기에 돌아갈 수 없어
그냥 떠다니지만
처음부터 없던 길
가고 있는 나그네

없음으로 와서
없음으로 가야 하는 길
아무도 가지 않은 숫눈길
막다른 길일지라도
또 어느 곳으로 이어가겠지

어느 순간
눈을 떠 바라다보니
어찌 갈거나
모르면서 이어 갈
알 수 없는 인생길

## 부산 가는 길

꾸무럭 무거운 하늘
부산에는 장맛비라는데
모두 함께 잘 사는 것 보려갑니다
신라국 가락국 백제국 함께 마신
그 물 만나려고 갑니다
한가람 아리수에서
금수강산에 목을 축이며
함께 노를 젓던 우리 사이
다시 보려고 갑니다

물길, 산길, 찻길이
머무는 금강휴게소
옥천, 부산, 서울 사람들
모두 함께 일을 봅니다
물 흐르고 산바람도
쉬어가라 휴게소에 들러
함께 만든 오물 덩어리
미련 두지 않고 내려놓지요.

# 그립던 날들

집집마다 금줄이 달리고
담 안에 애기 울음소리
우렁차게 들려오던 옛집
골목엔 아이들 숨기 장난
동구 밖에 책가방 가로 메고
줄지어 학교 가는 길

버드나무 밑 냇가 빨래터
젊은 새댁들 웃음소리에
방망이질 힘차게 들려왔지
배는 고파도 마음 따뜻해
희망은 넘쳐 콧노래 부르고
담 너머로 정이 오가던 날들

지금은 도대체
다 어디로 갔단 말인가.

# 철마다

세상 만물 중에
좌와 우가 따로따로
살아가는 것은
씨도 없을 것이다

홀로 잠기는
잠깐의 생각이라도
밤낮 바뀌는 것이
손바닥 뒤집기 같은데

어찌, 당신 님은
바른쪽에 서 있다고
홀로 붉다 하시나요.
모두 다 한철뿐인 것을

# 개칠

개칠 좀
하지 마라
글씨 쓸 때
아무리 떨려도
개칠은 하지 말라고
배우는데

살다 보니
사는 것이
모두 다
개칠뿐이더라.

## 열 시

새벽안개는
일요일 오후
상행선과 같다

밤 열 시
한순간에 풀려
뻥, 뚫리듯

눈앞 가득
는개로 어리어
답답하더니만

볕 뜨는 열 시
순식간에
벗개어 환하다.

# 어느 상속자의 기도

하늘에 계신 아버지
아버지께서 남기신 땅과 집
가없이 높고 높은 그 권능에
거룩함을 받사옵니다
아버지께서 남기신
땅과 집 그 높고 거룩한 뜻
이루신 바와 같이 영속하여
또한 이루겠나이다
집도 절도 없이 떠도는 가난한 자
구속하여 원죄 벗지 못하도록
허락하여 주시옵소서
아버지, 가난으로 죄짓는 이들
저희끼리 물어뜯고 싸우게 하시어
나누고 베푸는 죄 짓지 못하도록
인도하여 주시옵소서
아버지의 자랑스러운 영광과 권세
대대손손으로 영원하기를
또한 이 성스러운 사업, 바른 손조차
알지 못하게 하시옵소서.

# 명상

별빛이 저무는
새벽하늘
아직도 감감한데
하루는 열린다
마음 편하게
아무 데고 자리 잡아
눈 감고 머리 비워낸다
다른 생각 다 지워버리고
오직
호—,
흡—,
호흡에 집중한다
마치 처음 하는 양
그러나 스스럼없이
깊게 깊게 숨을 쉰다
태어나서 첫 숨부터
나 혼자 스스로 한
숨쉬기다

지금, 이 순간
이번 숨만이
오직 나를 알아채는
살아있음이여라
이제 그 생각
그 느낌마저도
한꺼번에 놓아 버린다
몽땅 다 쫓아내 버리고
멍때리기로
나를 찾아간다.

## 바닷가에서

들물 들 듯 오신 님은
날물 나듯 떠나시고
밀물에 밀려 담은 정도
썰물에 쓸려 텅 비었네

간조 바다에 바람 불고
만조 바다에 파도치면
오는 인연 막을 수 없듯
가는 인연 잡을 수 없네

아스라이 어두운 바다
홀로 뜬
조각배 한 척

# 아주 영영

어찌할거나
사십오억 년 해를
꼬박, 팽이 돌 듯
굳세게 굴러온 땅별인데
수천 년 그 안에서
어미 젖가슴 같은
땅덩어리
붙박고 살았는데

이젠 좀 살 만한가 했더니
웬걸, 볼 수 없고
잡을 수 없는 너
코비든가 코로난가
바로 너 때문에
다시는 영영
되돌아갈 수 없다니
아, 이걸 어쩌나.

## 둥지 속 세상

후드득
둥지로 날아든 개개비
주둥이에 가득 물고
내 새끼들 먹이려는데
어, 어,
예쁜 것들아
모두 어디로 갔니?
개개, 개개, 개개객
삐비이 비비비
금방 잊어버리고선
눈앞 쩍 벌린 아가리
다 밀어주고 운다

저 너머 숲속
둥지 없는 어미 새
나뭇가지에 앉아 조바심
몰래 맡겨 둔 내 새끼
뻐꾹 뻐꾹

뻐뻐꾹 뻐꾹
뻐꾸기는 운다
남의집살이 내 새끼
눈치 보지 말라고
잘살고 남으라고
아무런 미련도 없는 듯
마냥 운다.

## 살아간다는 것은


삶을 살아간다는 것은
머리에서 가슴으로, 다시
가슴에서 발로 가는 여행이라고
맨몸으로 말한 사람 있었지
왜, 그리 말했나 알 수 없지만
오늘을 살다 보니
눈뜬장님처럼 깜깜한 길
외로운 갈래 길에 홀로 서서
멈칫거리며 밀려가고 있더라

그날그날 걷는 길바닥에
언제나 바람이 분다
맞바람 막아서고 뒤바람 잡아도
저기, 바람 아래를 짚어보고
헤매던 바람 위 되돌아보면서
서릿발 시리게 가고 있어라

병목처럼 좁아진 길 아파도

목마른 자갈길 헛것이 보여도
올곧게 그 길 따라가야 하고
오르막 내리막에 울고 웃어도
좁다란 비탈길 안개에 싸여
더듬더듬 걸어가야만 하리라

바로, 지금 가는 이 길이
운명으로 맞는 내 길이더라
수만 겹, 억겁의 인연이라서
도저히 돌이킬 수 없는 길
머리에서 가슴, 다시 발까지
가야 하는 오직 내 길이더라.

## 시는

시는
어슴프레 첫새벽
돋을볕 앞세우고
어둠을 딛고 서는
닭 울음소리인가
아침을 깨우네

햇덧이던가
금방 가을이 건너
붉은 맘 한 조각
저기 날개 접는데
황금 노을빛
때를 알리네요

시는
감감한 눈밭
얼어붙는 어두움
강물 아래

깊은 보금자리
단꿈에 취해요

그래요
살포시 가슴 젖는
그대 그리움
시 한 편 떠올리고
마냥 좋아서 방긋
웃고 있어요.

## 내가 아프다

다시, 어깨가 저려온다
한동안 뜸하던 오랜 친구처럼
저미듯 찾아오는 아픔
한 오 년, 넘기고 보니
이제는 내 삶인 듯 친숙하다
서른 해를 거슬러서
누우신 당신의 머리맡에
그 깊은 아픔, 알지 못하는데
오늘은 제가 아파요
무심하던 가슴이 아파요

아버지요, 어찌 난 몰랐을까요
어쩌다 들어가 본 토방에
해묵은 감자알 몇 알
그때는 왜 알지 못했을까요
제살 썩어야 아프게 옆구리를 뚫는
새싹, 그 못된 싹이 나와야
무성하게 잎을 낼 수 있음을

제 6부
알 수 없어요

# 낙화

진다
저기 꽃 진다

밤새
그리도
애태우더니

아직,
채 식지 않은 욕정
지독히도
눈먼 사랑 남기고

저기,
꽃 떨어진다.

## 뿌리 깊은 샘

구름도 쉬어 넘는 무진장
진안 땅 팔공산 높은 더미를
턱에 숨이 차도록 올라본다
가슴골 아래로 땀방울 흐르고
한 무더기 돌 틈 사이에
데미샘 물 뿌리 솟구친다

섬진강 도는 물길 곳곳마다
감싸주는 섬섬옥수 보드라워서
두꺼비 떼 울음소리 남겨두고
남도 오백 리 외로운 길 나 홀로
남에서 남으로 굴러갔어라

남북으로 물 갈리는 수분치
장수 땅 신무산 가온누리에
가파른 길 거슬러 올라본다
옛 주막집 앞마당에 비 내리고
된비알 후미진 골에

뜬봉샘 물 뿌리 올랐구나

금강물 북으로 뻗쳐 구비마다
열두 폭 비단 곱게 아름다워서
오천결사 통곡 소리 뒤로하고
금강천리 나그네길 나 홀로
아쉬워 아쉬워서 돌아가더라.

## 나그네 되어

삶이 그저 답답하고
외롭다 생각이 든다면
오늘은 망설이지 말고
낯선 길로 떠나봐요

진정 떠나야만 한다면
그저 떠나는 날 보고 싶다면
아무짝에도 몹쓸 봇짐일랑
모두 내려놓아요

자신에게 지치고
누군가 날 떠밀어낸다면
알 수 없는, 생각지도 못한
그곳으로 떠나요

한 번도 가보지 않았던
그곳, 낯선 그곳에 가서
두근두근 가슴 졸이며

꿈길을 가 봐요

어린 날 잃어버린 나
남몰래 감추어 두었던 나
뜨겁게 갈망하는 두 눈으로
나그넷길 밝혀보아요.

## 새벽 밀물

시커먼 갯벌이 한 발
뒷걸음질 치면
뿌연 바다는 물밀듯이 밀려온다
마주 앉은 연인처럼
밤이 새도록 밀고 당기며 속삭이더니
어느 사이 정 깊었나
물결 위에 손 마주 잡고 춤춘다
하늘이 열릴 때처럼
태초의 어둠은 그저 무겁고
영원할 것만 같았다
검푸른 바다와 하늘이
아쉬운 입맞춤을 밀어내며
멀리 한 점 붉은 기운으로 동이 튼다
밤이 지난 자리 아침 해가
비추고, 밀고 당기던 자국마다
사랑의 속삭임 밤새 농이 익어
빈 바다를 채운다.

# 신호등 앞에

사람도
차도
멈춰 서지요

거기서
다들
기다립니다

신호가
바로
바뀔 거니까

그래요
지금은
빨간불입니다.

## 알 수 없어요

사람들이
누구 앞에 설 때
옷부터 갈아입는다
때에 따라 가면 쓰고 평생을 살기도 한다
옷은 남들에게
내 참 모습을 보이기 위함이 아니고
나를 감추기 위해 입는 것이다

약한 사람들은
악한 옷으로 자신을 위장하고
강한 사람은
선한 옷부터 골라 입는다
의지 약한 사람들은
강한 것들의 위선에 눌리지 않으려고
악한 가면을 쓰고 사는 것일까?

그것 참, 알 수 없는 일이다.

# 모노드라마

우리네 인생길
처음에는 아득히
멀고 먼 외길 같지만
가다 보면 갈수록 짧은 길
바로 눈앞인 것을

산다는 것이
고추를 태우듯이
맵기도 하겠지마는
순풍에 돛을 단 듯
매끄럽기도 하리라

사람이 산다는 것
가까이에서 보면
슬픈 단막극 같고
떨어져 보면
웃기는 모노드라마
한 편의 희극인 것을.

## 어찌 살라고

헛 참, 그것 참,
증말이지 니그들 말이다
어찌 살라고 그런다냐, 자고로
아침에 게으른 집 안 치고
잘 사는 꼴을 못 봤다
글씨, 해가 한참 떠 중천인데
여적지 한밤중이니, 어찌 살라고…
그날 아침도 아버지는
뜰팡 앞에서 애가 타신다

차마, 차마 제쳐 열지 못하고
새끼들 끼고 늦잠 자는 자식들
방문 열어젖히지 못하고 맥없이
대청마루 미닫이만 드륵드륵 드르륵
결국, 나 죽으면 니그들
굶어 죽기 십상일 것이다 하셨는데

그날 그 어둑한 새벽녘

회초리 같은 꾸지람 그려본다
아부지, 근데 말이지유~
서른 두 해가 지나는데 여적
굶어 죽지 않았구먼유~
이제 다섯 시면 지절로 일어나유~
아부지 호통이 없어두
휴대폰 알람 켜지 않아두 말여유.

## 맨발

조각배 두 척이
가득 무거운 짐을 싣고
바다를 헤맨다
이 섬, 저 섬
떠다니는 맨발

컴컴한 동굴에 갇혀
진종일 숨 한 번
마음껏 쉴 수 없었지
찐득한 땀내에 절어
얼마나 눅눅하고 답답했을까

늦은 저녁이 되어
겨우, 바닥으로 쓰러지듯이
닻을 내린다
맨발로 뱃전을 어루만진다

너, 오늘 진짜 고생했어.

# 글

글쓰기는
글 짓는 것이 아니라
말을 짓는 것이니
글 쓸 때는
먼저
글이 죽어야만
말도 살아 남을 수 있다

아픈 마음
깊은 사랑
뜨거운 가슴 담기에는
글보다는 말이
가깝기 때문이 아닐런지.

# 금요일

아니, 벌써
금요일
갈수록 빨리 가서
너무 좋다
게다가
오늘은
봉급 받는 날
더욱더 좋다

이 밤
지나고 나면
내일과 모레
연휴라 좋다
사는 게
바쁘다 해도
주말은 보너스
공짜라서 정말 좋다.

# 인생

화지시장
떡전 골목에
허리 굽은 할매가
고무 다라에다
좌판을 편다

구석 조그만 자리
하루살이 삶터에는
매일, 할머니의
마수가 있고
떨이도 있다

지나치는 발길
아무도 찾지 않는 손
진종일 기다려도
거래는 없고
구름만 스쳐간다.

# 감자와 사이다

오늘 아침, 새삼
내가 삶은 감자인 줄을 알았다
털고 일어나기에 좀 이른데
주방에서 아내는 부지런하게도
밤을 밀어내고 새벽을 앉히고 있다

감잣국이라도 끓이려는지
도마 위 생감자 토막 내는 소리가
맛이 뜨는 아침을 알려준다
울퉁불퉁한 주먹 덩이처럼
눈 씻고 봐도 이쁜 곳 씨도 없어
감자 두 알, 서로 마주 보며 앉았다

온통 다 곰보 자국인데
검버섯에 사마귀까지 올라앉아
컥컥 얽히고설켜 목이 멘다
어제, 오늘도 또 내일도
그녀는 톡 쏘는 사이다 한 모금

냉장고 구석에서 이제나, 저제나
눈 감기게 익어 온 김칫국물인 양
한 모금에 막힌 가슴 뚫어내는
당신이 사이다일세, 그려.

## 비 눈물 제주

오늘 소설인데
제주도에서
예순 살
어깨동무들이
보슬보슬
내리는 이슬비
함께 맞으며
아침을 나선다

지난 밤 새워
이슬 기울이다가
거북해진 속
애써 털어내고
바닷바람에
새날을 여니
는개 거두고
하루해 뜨네.

# 일일초

새벽안개 차지게 내려와
방울방울 어리는 푸서리 길
바람 한 점 살랑살랑 춤추고
들쑥날쑥 잡풀만 무성한데

반짝이는 별꽃
하필이면 너 거기에 있어
요정인 양 웃네
다섯 얼굴에 하얗게 웃는 눈
하루를 여는 작은 꽃 입술
마다가스카르 멀리서 시집온
새색시가 생글생글 웃네

아침저녁 여닫는
당신은 일일초
활짝 웃고 있는 그대, 사랑해요.

## 지구별

인간이
곧 우주, 너와 나
모두가 주인인데
호모사피엔스사피엔스
슬기로운 사람아

불타는 태양을
사십육 억 번을 돌아
겨우 오늘이건만
얹혀살아온 지
겨우 며칠이라고

코로나 19
물러설 생각이 없다
아무리 그래도
멈춰서야 다시 살지.

# 누군가

산다는 것은
한바탕의 거친 비바람
비 온 뒤의 고요함을
기다리는 것이 아니라
줄기차게 쏟아지는
빗방울 속에서
함께 춤추며
같이 맞는 것이라고
앞마당에 가득
새색시처럼 다가와
수줍은 듯 내리는 꽃비

나더러 어찌하라고
기다림 지우는 아침 샛바람
너를 그리며
목 놓아 울고 있는가.

## 하루 출장길

올라왔다 내려가는
하루 출장길
환한 불빛 쏟으며
다가서는 헤드라이트
한참을 달려와
너무도 쉽게
지나치는 찰나

넘지 마라
꿋꿋한 중앙분리대
벗어나지 마라
아슬아슬 어깨선
추월선마저도
한 도막 한 도막
그 길 위를
오늘도 가려 한다

뻥 뚫린 고속도로

쉼 없이 흐르는 삶터
억겁의 인연으로
가야 할 그 길
끝내는 톨게이트
뚫고 나가야 하는
질퍽한 인생길이다.

풀꽃


이른 아침 풀숲 사이
숨어서 피는 작은 꽃
꽃잎에 살포시

이슬 맺힌
아침 햇살, 눈부신 듯
풀잎 속에 숨어
슬며시 내미는

수줍은 미소
발길 뜸한 풀숲에
긴 밤 지새우고
새날을 맞는

너 참 예쁘다.

# 빈손

아무리 어둡고
어디쯤인지 알 수 없어도
들어왔으니
언젠가는 나갈 길이다

이 세상에 나던 날
빈손에 아파 울고
처음 맞아 준 당신은
얼굴에 온통 함박웃음
하얀 배냇저고리 입혀주셨지

언제쯤일까 떠나가는 날
남은 것은 달랑
수의 한 벌뿐 어차피 빈손
어느 누가 울어주고
누더기 갈아입혀 주려나.

이든시인선 086

# 한로 민들레

ⓒ한성환, 2021

| | |
|---|---|
| **펴 낸 날** | 1판 1쇄 2021년 12월 15일 |
| **펴 낸 이** | 한성환 |
| **발 행 인** | 이영옥 |
| **편　　집** | 송은주 |
| **펴 낸 곳** | 도서출판 이든북 |
| **출판등록** | 제2001-000003호 |
| **주　　소** | 대전광역시 동구 중앙로 193번길 73 |
| **전화번호** | (042)222-2536 |
| **팩시밀리** | (042)222-2530 |
| **전자우편** | eden-book@daum.net |

ISBN 979-11-6701-098-8 (03800)
값 12,000 원

* 잘못된 책은 바꾸어 드립니다.
* 이 책 내용의 일부 또는 전부를 재사용하려면 반드시 저자와
　이든북 양측의 동의를 받아야 합니다.